JN436598

오늘의문학 시인선 449

길을 묻다

이동호 2시집

오늘의문학사

길을 묻다

_ 서문

〈벽암록〉의 저자 원오극근(圓悟克勤)의 제자 대혜선사(大慧禪師)는 "오로지 있는 것을 비워 버릴지언정 없는 것을 실재로 여기지 마라."라고 하여 오매일여(寤寐一如)를 사실로 보지 말라고 했는데, 현실도 모두 꿈이지만 꿈도 꿈이며, 더 나아가서는 꿈과 현재, 현재와 꿈을 초월하여 하나로 보라며, 그 어떤 분별도 하지 말라고 했다.

나는 그릇이 작아 이 말을 역행하여 시로 써보았는데, 머리로는 조금 이해하지만 가슴을 열지 못하여 졸장부를 면치 못하고 있다.

있는 일도 못 쓰는데 없는 일까지 쓰려니까 머리가 아픈 것이다. 아무튼 시에 대하여 초보자인데 출간의 변을 만든 것은 아직도 시를 쓰고 싶은 욕망이란 것을 알고 있음이다. 삼독(三毒, 욕심 성냄 어리석음)을 잘 다스리고 자유스럽게 가슴에서 우러나오는 좋은 글을 써 보고 싶어, 군더더기 같은 글이지만 잘 헤아려 주시고 지도하여 주시면, 더 없는 영광으로 알고 분발할 것을 다짐합니다.

앞으로는 뭇 영혼들에게 감성을 공유할 수 있는 시 창작에 가일층 노력하려 합니다.

2019년 5월 이 동 호

추천사

이동호 시인의 시세계

내가 영동으로 옮겨와서 첫 번째로 만난 이가 이동호 시인이다. 자기가 시인이고 시집도 출간했다며 통성명을 하였다. 그리고 얼마 되지 않았는데 시집 1권 자료 가량이 된다며 노트를 건네주기에 받아 읽었다. 일단은 점검도 하기 겸 워드를 시작하여 한 이틀이 걸렸는데, 시집 1권 분량 정도 워드 작업을 하면서, 은연중에 이동호 시인의 글에 호감이 일기 시작했다.

나와 만나면 술잔을 기울였던 마광수 교수(지금은 우리 곁을 떠난 사람)의 역설적인 글 한 대목이 생각난다. "나는 분을 덕지덕지 바른 여자가 좋다. 손톱에 매니큐어를 짙게 바른 여자가 좋다."고 말한 그는 학자다. 그게 진실이었겠는가? 나는 이동호 시인의 글을 읽어 내려가면서 마음이 좋았다. 덕지덕지 분을 바르지 아니한, 그리하여 깨끗한 본심을 송두리 채 내 놓았기 때문이다.

시를 쓴 연한이 꽤 길었다. 그는 택시사업을 하고 있다. 그 숱한 나날에 수많은 손님들을 만났을 것이다. 그들에게서 엿들은 세담(世談, 세상 돌아가는 얘기)들이 이동호 시인을 시대감각에 예민한 인격으로 형성시켰던 것이다.

나는 시집이 꼭 시집이어야 한다는 관념을 내려놓은 지 이미 오래 되었다. 물론 전문가들, 그리고 이해관계도 없으면서 남의 글에 대하여 이러쿵저러쿵 하는 이들, 이런 이들은 어떻게 평할지 모르겠으나, 나는 나름대로 나의 소견을 피력하고자 한다.

시집 제목을 [길을 묻다]이라 명명하였다. 우선 신선미가 물신 거린다. 길이란 道를 말한다.

사람이 진정한 길을 가야만이 사회의 구성원으로써 공생, 공사, 공업을 쌓고 살아야지 혼자서는 살 수 없는 것이 인생의 길인 셈이다.

꽃은 건들바람이 불어도 반항 없이 흔들거리며 노래한다고 했다. 저자는 '벼랑에 핀 장미꽃'이라 했는데 벼랑이란 장미가 자라고 피고 할 천혜의 조건과 무관하다. 그렇더라도 자기의 몫이기에 장미는 피어야 했다. 그렇듯이 지금의 이 시대 이 사회는 순수와 순결로 독백(獨白)을 지켜 나가기란 참으로 어려운 시절인 것을 직시하고 있다.

세상 사람들이 누릴 것 다 누리며 전망대에 모여 깔깔대는 웃음소리가 시끌벅적 요란을 피우고 있을 때, 외로운 장미 한 송이는 바위 틈새에 피어났다. 그러면서 저자는 어서 속히 이 땅 위에 초록융단이 펼쳐지는 시절을 갈망하고 있다.

이 시인의 글을 듬성듬성 읽는 이들에게는 너무 쉬운 말로 쉽게 썼다고 할지 모르겠지만, 이 시인의 글에는 철학성(哲

學性)을 내재하고 있다. 그리고 은연중에 부처님의 가르침을 상당 부분 주지하고 있으며, 그러면서 윤리, 도덕, 인성 등등 마치 훈화(訓話)문을 읽는 것 같다.

이 글들은 읽고, 읽고, 또 읽으면, 읽을수록 진국이 나오는 글들이다. 편편 면면을 일일이 다 더듬고 싶으나, 실은 무단 침입자의 신분이라 내게 허락되는 만큼에서 줄여야 할 것 같구나.

가슴에 부글부글 끓어오르는 감성을 억제하여야 할 지점에 도달했다. 나는 청소년 인성교육을 내 인생의 숙명으로 안다. 그러기에 직접 교재도 많이 쓰는 편이다. 본 시집의 여러 부분을 내가 쓰는 교재에 몽땅 옮겨다 쓰고 싶은 욕심도 생긴다.

끝으로 이 시인의 건강과 문운과 가정의 평강을 빈다.

장자골 문방에서 김 학 열

목차

서문 이동호 ◈ 4
추천사 김학렬 ◈ 5

제1부 그림자 세상

구름처럼 ◈ 17
그림자 세상 ◈ 18
동 행 ◈ 19
우주 미아 ◈ 20
태풍은 지나가고 ◈ 21
울리지 않는 벨 ◈ 22
새벽열차 ◈ 23
좋은 가을에 ◈ 24
만추와 입동 사이 ◈ 25
단 비 ◈ 26
길을 묻다(聞道) ◈ 27
옛 길 ◈ 28
옷 벗은 여인처럼 ◈ 29
나에게 당신은 ◈ 30
술 주전자 ◈ 31
휴화산 ◈ 32

제2부 부끄럽지 않으려

기다림 ◈ 35
아. 세월호 ◈ 36
부끄럽지 않으려 ◈ 38
왠지 기분 좋은 날 ◈ 40
허물벗기 ◈ 41
노래하는 꽃 ◈ 42
우주 1 ◈ 43
우주 2 ◈ 44
우주 3 ◈ 45
괴로운 날 ◈ 46
무제 ◈ 47
늦게 핀 구절초 ◈ 48
옛 소녀 ◈ 49
수륜(水輪) ◈ 50
치유의 그날 ◈ 51
귀로 ◈ 52
잠 못 드는 밤 ◈ 53

제3부 생각과 느낌

당신은 ◈ 57
만남 1 ◈ 58
만남 2 ◈ 59
술 마시는 밤 ◈ 60
모정 ◈ 61
잠 안 오는 날에는 ◈ 62
통학열차 ◈ 63
가을비 ◈ 64
추월인천강(秋月印千江) ◈ 65
중선봉행(衆善奉行) ◈ 66
층간 느낌 ◈ 67
오감 ◈ 68
생각과 느낌 ◈ 69
영동(永洞)에 오면 ◈ 70
슬픈 연가 ◈ 73
5분 필몽(筆夢) ◈ 74

제4부 하늘에서 온 편지

괴로움 ◈ 79
하늘에서 온 편지 ◈ 80
봄날 ◈ 81
비밀한 뜻 ◈ 82
희망 예찬 ◈ 83
돌아온 난계(蘭溪) ◈ 84
봄을 맞으며 ◈ 85
고향의 겨울 ◈ 86
좌절을 넘어서 ◈ 87
화쟁 ◈ 88
사모 ◈ 90
결혼을 축하하며 ◈ 91
가을 버섯 ◈ 92
달의 화두 ◈ 94
효도 ◈ 95
애욕 ◈ 96

제5부 벼랑에 핀 장미꽃

단풍 ◈ 98
마음 밭 ◈ 99
바람의 애무 ◈ 100
논개 생가에서 ◈ 101
삼화삼염(三花三厭) ◈ 102
나리꽃 ◈ 105
뿔난 시인의 고백 ◈ 106
벼랑에 핀 장미꽃 ◈ 108
귀천(歸天) ◈ 109
호수의 밤 ◈ 110
카톡 세계 ◈ 111
철학 ◈ 112
자유인 ◈ 113
물거품 ◈ 114
부슬비 ◈ 115
그날 ◈ 116

제6부 민주지산 삼도봉

산(山) ◈ 118
덕유산 종주 ◈ 119
자연보호 금오산 ◈ 120
가야산에서 ◈ 121
한반도 명산 설악 ◈ 122
적상산(赤裳山) 연가 ◈ 123
토함산 연정 ◈ 124
법주사 속리산 ◈ 125
육계폭포 ◈ 126
백화산 반야사 ◈ 127
승보사찰 조계산 ◈ 128
황악산 직지사 ◈ 129
록키산맥 ◈ 130
천태산 영국사 ◈ 131
민주지산 삼도봉 ◈ 132
지리산에서 ◈ 133
한라산을 오르며 ◈ 134
만인의 연인 월출산 ◈ 135

발문 ◈ 리헌석
선(禪)의 경지를 지향하는 맑은 시심 ◈ 137

제1부

구름처럼

어느 가을 푸른 하늘가
덧없이 떠가는 구름이고 싶다.
노 없고 닻 없이도 절로 가는 배
앞산 뒷산 걸리지도 않게
온갖 모양 수놓고 덧씌우다
태양과 손잡아 강강수월래
지나가는 총각 바람이
피리 불어 삘릴리 삘릴리
싫증 들면 투둑투둑 비절로 되어
목 태우던 초목과 조우하면서
하늘이야기 꺼이꺼이 토하고 싶다.
둘러본 세상사 그림 엮어서
한장 한장 펼쳐 보고 싶다.

서산마루 해 걸리면
자궁 나온 황혼구름 핏빛으로 물들고
슬픈 이야기는 어흑어흑
가슴에 묻어둔 채
언뜻 사라진 별들의 소식을 들으며
도란도란 밤새우고 싶다.

그림자 세상

태어난 순간부터 젖을 문 것은
함께 온 그림자의 소행,
생명이 탐욕을 내었으므로
동시에 몸을 얻었음이니
이름 하여 곧 사바로다.

나라고 개아가리 닥치기만 하면
모든 분별 순간에 사라지고
괴로움도 두려움도 원래 없어
그림자마저 설자리가 어디 있으랴!

밝음과 어둠은 하나요,
빛과 그림자 둘이 아니며,
사랑하되 사랑을 넘어서면
그림자 없는 세상 항상 하리니
믿는 마음 본래부터 한가로웠네.

동 행

일상의 찌든 삶속에서
약속이 있었을 때
그것은 행복이요, 즐거움이지요.

가끔은 멈추고 싶은
자유의 깃발이지만
아예 없었던 것은 아니지만
스스로가 이루어 놓은 덫

둘만의 동행으로
아! 그날이 빛날 때
지나간 추억이 부메랑 되어,
깨어지지 않을 허공에 각인되어
영원으로 통하라.

우주 미아

시종(始終)을 알 수 없는 우주
무량한 세월에
이별 저별 떠도는 방랑자처럼
우리는 그렇게 흘러온
미아가 아니었을까?
인생의 여로에서
어느 때는 서로 바뀌어가고
남자는 여자로
여자는 남자로
수없이 뒤집어진 티끌세상,
있고 없고는 마음에 달려있으니
훗날 생명이 다할 때
좋은 세상 만났다고
북두칠성 가는 길목에서
다시 한 번 만난다면
그 또한 좋은 인연 아니겠소?
그대는 미아
나 또한 우주의 미아.

태풍은 지나가고

태풍의 근원지는 적도 부근
대지의 심장부라 부를 까요.
발산하려는 광폭한 힘이
함축되어 있다가
엇박자가 되어 회돌아치는 곳,
멀어질수록 영향이 미미하지만
가까우니까 잉태한 씨앗이지요.
반드시 한바탕은
불고 일고 거쳐야 할 과정이지요.
휩쓸고 할퀴어야만 끝이 납니다.

그래야 가을은 우리 곁을 찾아오고
새로운 리듬을 부여 합니다.
농도를 높여 갑니다.
아름답고 행복할 율동의 밀착감으로.

울리지 않는 벨

보고 싶고 듣고 싶을 때
자주 울리던 벨소리
한가위 즈음
사람들이 고향 찾아 떠나자
벨소리마저 끊어졌네.

빈 전화를 만지작거려 보지만
울리지 않는 벨
지금쯤 그 사람은 무얼 하고 있을까?
정든 사람과 어울려
까맣게 잊은 건 아닐까?
그렇게 그냥 빈 전화가
석양에 외로움을 타고 있네.

울려라
벨소리야
바람결에 애수의 목소리를
깔아라.

새벽열차

우리 이제
떠나요.
경부선에 몸을 싣고
남도 땅으로 가는,

먼 옛날
이런 꿈을 꾸었어요.
가슴 설레면서
시월상달 만추지절에
남쪽 항구로
꽃구경 가요.

부푼 가슴 안고
새벽열차로
안개 속을 헤치며
오늘, 떠나갑니다.
사노라면 이런 날
올 줄 알았답니다.

좋은 가을에

습도 높은 무더위가
스리살짝 물러나니
도리어 비가 잦아지고
찬바람이 건들 부니

풍요로움 넘실넘실
피어난 꽃 다투어 지고
잎새마저 지고 나니
열매로써 화답하네.

오호오라 만추지절
곱게 차린 선남선녀
어얼씨구 저절씨구
화촉동방 잔치로세.

만추와 입동 사이

한반도가 아침운해로 뒤덮힌 날
파래소폭포 찾아
신불산으로 떠난다.
배내재의 만추 홍엽에 넋이 나가자
하늘의 요술로
홍류폭포 앞에 섰네.
붉은 단풍과 햇살이
계곡의 물을 붉게 달구었다.
혼 담긴 낙수소리에
남녘은 명화(明花)로 되살아나서
만추(晩秋)와 입동(立冬)을 갈라놓았다.
자수정 같은 등억의 하늘에
거북울음 닮은 신불산은
어머니 젖무덤처럼 익어간다.
간월 색시와
신불신랑이 반월로 돌고 있다.
신혼보다 달콤한 생애 최고의 날.

등억 : 언양 상북면 지역명(온천유명). 간월산과 신불산 입구

단 비

초목이 바짝 타들어 갈 때
바람[風] 데불고서
찾아온 단비.

곱게 단장한 초록의 시샘일까
불볕더위에 캥긴 것일까
그냥 쫓기듯 피신했겠지

기왕지사 맘먹고 내리거든
엇박자는 내지 말고

너의 촉촉한 입술로
질탕하게 적셔다오
혼탁한 내 영혼마저
삼독을 다 씻어라, 단비야….

길을 묻다(問道)

내 길을 갈 거다.
이순(耳順)의 천명(天命)대로
운명도 팔자도 내려놓고 갈 거다.

한때는 부귀영화를 엿본 적 있지만
이제야 내 길 아님을 알았으니
오직 부끄럽지 않게 돌아가리라.

내 한 몸 추스리지도 못하는데
거친 황야에서
욕심내어 무엇 하겠는가?

작위보다는 그런 대로
곡선 따라, 바람 부는 대로 가리라.

가는 길에 자문자답(自問自答) 녹여서
생사에 매달리지 않는다면
북두칠성이 예서 멀지 않으리라.

옛 길

새로 난 큰길 마다하고
옛길을 찾았습니다.
두 손 맞잡은 님과 온전히
느릿느릿 걷는 오솔길

보릿고개
어머님 시집 올 때
울며 넘었다던 고갯길은
청산 장날 술 취한 아버님도
지그재그 걸으시던
돌모랭이 길

나리꽃 만발한 물레방앗간
밤마다 처녀 총각 뻰질거렸는데
잊힌 언덕배기에
오늘은
뻐꾸기 울음만 구성집니다.

모랭이 : '모퉁이'의 방언

옷 벗은 여인처럼

연인과 새벽운해를
질주해 본 일은 있나요?
순간순간 사라지는 마법의 길을
하늘구름 내려 앉힌 호숫가에
청산마저 거꾸로 비추인 자연
알토란 씹히는 정겨운 오솔길

천길 절벽 폭포의 굉음소리
오랜 벗과 잔 기울이며
달구경은 해 보았는가요?
만추의 춤추는 갈대밭에서
마주보며 초롱초롱한
눈망울 부딪혀는 보았는가요?

도도한 생명의 찬가로
밤별같이 피어난 도라지꽃
옷 벗은 여인처럼
부끄러워 않던가요?

나에게 당신은

나에게 당신은
무어랄까,

밤별 닮은 안개꽃으로
살며시 다가와서는
어둠을 불사르는
등잔불 같은 것

당신은 나에게
무어랄까,

적막한 세상에
가없는 자유로
냉가슴을 녹여낸
가릉빈가 같은 새.

술 주전자

꽃은 피고지고 달은 돋아
멀리서 옛 친구 찾아오니
살 겨운 살림살이지만
술 주전자 푸짐하네.

배롱나무 그늘 대신
돗자리 흙 장방에
밤새워 도란도란 술 따르는
삼경의 풍경소리

옆집 영감쟁이 콜록콜록
피 토하는 소리마저 정겨워
친구와 부둥켜안고

건배잔 높이 들자
들려오는 새벽 닭 홰치는 소리
우정보다 가족 같은 그대여
나도 너도 알 것 같네.

휴화산

언제 폭발할지 모르는 휴화산
인생도 그와 같지 않을까?

삶이 나를 분노케 할 때
자제하지 못하면

화산은 용암을 분출해
자아완성의 꿈은 흰 포말이 되고

꿈과 같고 뜬구름 같은
우리네 삶이 허망하지 않도록

사는 동안 긍정하고
남의 밥그릇 비었나 살피고

나누며 사랑하는 마음으로
푸른 하늘에 희망을 묻는다.

제 2부

기다림

기다리면 병이 난다.
어째서 병이 생기는지
알바는 없지만
애달파하는 마음은 알 것도 같다.
바쁜 사람은 바쁜 대로
여유로운 사람은 그런 대로
불평불만 없이 가듯이
냇물이 장강을 이루듯
달은 빈 하늘을 떠가듯
멈추지는 말아야지.
기다릴 수도 없지 않은가?
서산에 걸린 해를
우리 탓하지 말자.
내일은 또 내일의 태양이
떠오르듯이 기다리지 말자,
기다림이 병인 것을.

아. 세월호

제주길목 맹골수도에
탐욕이 움직여 침몰한
거대한 여객선

부푼 가슴 수학여행 떠났던
수백 명 꽃다운 학생들
선체마저 바다에 가라앉은
통곡의 현장 팽목항

대한민국 민초들 모두 울었다.
억장 무너지는 뜨거운 가슴
그 중심에
무능한 어른들이 있었다.

가족들 울부짖음에도
책임 떠넘기는 지체 높은 무리들
탑승여객 내 팽개치고
먼저 피신한 선장과 선원

오! 울분을 토한들 어찌하랴!
이 땅에 다시는 이런 비극이
되풀이 않도록 옷깃 여미며

비장한 각오로
분연할 일이로다.

아, 세월호 침몰로
희생된 어린 고혼들
고통 없는 세상에서
고이고이 잠드소서!

부끄럽지 않으려

살다보면 부끄러운 일
가끔은 경험하지요.

잘나고 못나서가 아닌
높고 낮은 신분이 아닌
시비의 우열도 아닌

어떠한 경우에도
진솔한 말은 하고
발뺌은 하지 말며
부끄럽지 않으려 애써봅니다.

혀 끝 잘 놀리고
폭력에 굴하지 않고
작은 그릇이라
큰 그릇 닮지는 못해도
받드는 심경으로
사랑으로 덮으리라.

칼날이 목에 드리워도
비굴 없는 몸짓으로

부끄럽지 않으려
떳떳하고 우직히
사랑의 화살을 쏘겠습니다.

왠지 기분 좋은 날

왠지 기분 좋은 날이 있다.
속이 꽉 찬 배추처럼
충만함과 여유로움이
포근해 지는 날

왠지 기분 좋은 아침이 있다.
얼킨 실타래가 풀리듯
암흑 걷어낸 태양처럼
맑은 마음이 넘쳐 나는 아침

왠지 기분 좋은 순간이 있다.
가슴 막혀 있던 그 무엇이
주마등 같이 일순 펼치듯
세상 다 얻은 성자된 느낌

왠지 기분 좋은 만남이 있다.
한동안 소식 없던.
애인 같고 누님 같이 그립던 사람
사노라니 다시 만나는
왠지 기분 좋은 날.

허물벗기

모든 게 다 지나
흘러서 갔다.
멈추지 못해
당신 앞에 무릎 꿇었다.
이마에 주름만
고랑고랑 늘은 채

풍진 세상 떠날 때
잘 놀았으니
만고강산에
두루 이별 잔 고하고
미련 없이 눈 감으리라.

한 생각 한순간 찰나마저
나라고 내세울 게 없어
시간도 공간도
생사마저 없는
본래 空으로 돌아가고 싶다.

노래하는 꽃

철 따라 고운 꽃이 피어나
올올이 웃고 있듯이
울면서 피는 꽃은 없다.

무지개 빛 다투어
화려함 드러내지만
꾸밈도 없어 수줍어하며
다툼 없이 방울방울 성기었지만
눈 먼 안목만 시비하네.

요염과 색동 한껏 어울려
건들바람 불 때마다
노래하는 꽃이네.

내 세움 없어도
연화장 세계 탕탕하게
노래하는 꽃이네

우주 1

밤하늘 무량한 별
가없이 펼친 우주
우리 은하는 미리내
수천억 성긴 별

태양계를 거느린
사천해 성단은 회전하면서
다른 은하와 겹치고
공간에 風. 水. 金輪으로
성주괴공 이루었다.

오랜 세월
서로서로 의지 했노라.
인연 맺고 사는 인간
세세생생 물거품처럼
살다가고

구름처럼 다시 와서
살고 있다.

우주 2

우주는
애초에 없었으나
어찌하다 생겨났는가.

허공은
깨어진 일이 없기에
도무지
한일도 없구나.

무위였으므로
안개꽃보다 많은
은하를 만들고
모래알보다 많은
별들을 생성하고

인연 따라 조우하고
생기 따라 섭동 한다.

우주 3

태양은
뜨거나 진 일이 없는데
사람이 주인공처럼
밝고 어둡다고 한다.

사실은
마음이 움직이는 걸
모르기에
전도된 허망 속에 산다.

인연의 수레바퀴는
별도 사람도
태중에서 나와
티끌세상 떠돌다
끝 간 데 없이

가기도 하고
오기도 한다.

괴로운 날

톱니바퀴가 엉키듯
요 며칠 삐걱거리어
꾸민다고 속겠는가?
필름처럼 흘러간 시간

냇물은 흘러서
바다로 회귀해
형상을 바꾸는 물이 되지만

이미 벌어진
당신과 나 사이 불협화음

묻겠다, 그대여
내 가슴엔 당신만 있다 해도
거울은 모든 걸 품지 않는가

당신을 향해 걸어온 길은
한량없이 길고 깊어

숲을 지나는 바람이
되돌아 올수 없듯이
당신 향한 마음
바꿀 수 없다.

무제

꽃
노래하는 바람
사랑
달콤한 물

느낌
시공을 넘어선 자아

삶
채권과 채무

돈
구름과 바위 사이

사람
길 잃은 우주의 미아

늦게 핀 구절초

그대는 보았는가?
연착륙한 구절초를

어떤 사연 있기에
뒤 늦게 나투어서
외로움 잊히었다가
숙명 따라 왔는가?

빈 허상 털어내고
본래 풍광 찾았을까?
청초로운 자태마저
소리 없는 자유영역

입동가무 즐기다가
올곧게 사위어 가라.
무서리가 내리면
쉬었다가게

옛 소녀

티 없는 옥이 그럴까
온갖 시름 벗은 얼굴

석양 담은 마애석불처럼
언제나 미소 잃지 않던

죽어서는 구름이 되어
한없이 떠돌자 약속했지.

지금은 어느 하늘 아래서
꿈엔들 생각이나 할까.

수륜(水輪)

수승화강 가고오고
천상천하 자유자재

물도 되고 구름 되어
물레방아 돌고 돌아

천지창조 지구 날 때
채워졌던 그 몸으로

H2O 로 무장해서
온갖 만물 생육한다.

해와 바람 의지해서
불꽃생명 밝히노라.

시원하게 냉수 한잔
타는 목젖 적셔보세.

치유의 그날

가는 날이 그날
오는 날도 그날
살다보면 가고 오는 날

사랑하고 시샘하다
정든 날도 그날
그날이 오늘이요
오늘이 그날이네.

어찌하다 세월 가고
치유되는 바로 그날

우리 그 날을 찬양해요
우리 그날을 노래해요
치유되는 바로 그날.

귀로

뭇 사람들 위한다고
일했던 젊음도 때로는
갈림길에서 방황했다.

욕망이란 헛된 전차도
해마다 찾아오는 봄을
못내 아쉬워 한탄했다.

어느 때 전원으로 돌아가서
배롱나무 꽃그늘 아래서
푸짐한 술 놓고 담소하리.

생명의 율동 따라
글 읽고 그림자 쫓다가
잃어버린 내 자아 찾을까.

물든 애욕 탈탈 털고
문득 봉황새 울음 따라
창공에 흩어질 수 있다면.

잠 못 드는 밤

잠자리에 드는 해시(亥時)
밝은 달 한번 본 뒤로는
남가일몽 달아난다.

거친 번뇌 황야처럼
업장의 골은 깊어
달 속의 토끼 손짓하네.

울적하는 마음으로
냉장고를 열었더니
열반에 든 소주 한 병

늙은 쥐는 찍 찍
허공의 뼈를 타고
새벽을 열고 있다.

제 3부

당신은

내가 사랑하는 당신은
산수의 오묘함 깨우쳐
즐거움을 아는 사람

갈망하는 작은 행복
사랑으로 감싸 안아
자유를 구가하는 사람

고뇌와 근심 걱정
아픔마저 녹여서
피해갈 줄 아는 사람

해맑고 심플하여
도도한 듯 당당하게
희망을 갈무리하는 사람.

만남 1

광활한 허공 속을
애당초 오간 일 없으나

광명으로 통한 속내
오랜 세월 흘러흘러
천생연분의 두 얼굴로
미리 점지한 천년의 약속.

깊은 근원 일심으로
한순간에 인연 지어져
도란도란 속삭이는
겨울밤.

행복과자유로
조우하는 두 별.

만남 2

만남은
존재하는 근원이
생명을 일구어
형체 없는
한줄기 빛으로 와

당신의 몸을 찢고
뱃속을 가르고
태속에서 나와
너와 나로
마주 치는 필연

지수 화풍의
힘을 빌어
알몸으로 판을 짜는
삶의 찬가.

술 마시는 밤

술 술 술
술 넘어가는 소리
술 술 술
술 마시는 밤
언젠 달빛에 근심 있었던가?

해마다 봄은 오려니와
우순(雨順) 풍조(風調) 탓은 말고
꽃잎 날고 술 익으니
가는 세월 안주삼아
님과 벗을 함께 불러
권커니, 잣커니
어이 아니 마실리야.

밤 깊도록
술 마시는 밤.

모정

눈을 감아도
눈을 떠 보아도
드넓은 창공 다 펼쳐도
푸른 산 온갖 나무
낱낱의 잎새까지도

시종 없고 한량없는
무량 세월까지도

그 은혜 다 갚을 수 없는
당신은
어
머
니.

잠 안 오는 날에는

잠이 오지 않는 날이 있다.
잠 안 오는 밤이 실은 복된 날이다.
오히려 깨우침의 기회가 온 것으로
알아야 한다.
오지 않는 잠을 청할 게 아니라
맑은 정신으로 깨어 있어야 한다.
깨어서는 나를 보아
참 성품을 밝혀야 한다.
혹 남을 비방하거나
세상 탓을 하지 않았는가 돌아보아야 한다.
생각과 생각, 이미 지난 일에 발목 잡히고
오지 않은 내일에 스스로 갇힌다면
어리석고 미혹하지 아니한가?
헛되고 잡잡(雜雜)한 경계를 벗어나
용광로 같은 희망의 가슴에
긍정의 선근(善根)을 심으라.
밝은 세상 꽃을 피우는 씨앗으로
심호흡하라, 잠 안오는 날에는.

통학열차

증기 기관차로
중 고등학교를 통학하던 시절이 있었습니다.
먼동 틀 무렵 추풍령을 달려온 기차는
영동역에서 급수를 받고
기적소리 울리며 칙칙폭폭 떠나갔어요.
터널을 지날 때마다 창문 여닫기 바쁘지만
시커먼 석탄가루 교복에 묻어났고
기차가 설 때마다 학생들이 객차 안으로
밀려들어 시골 장처럼 소란했어도
정겨운 풍경이었습니다.
학교 파한 뒤 경부선 하행 열차 내려 갈 때도
산허리 휘어 감고 뱀처럼 달리어
두 물머리 깊은 내 석양빛 물들면
그리움이 봇물처럼 밀려와
사뭇 가슴 부풀던 사춘기가
내게도 있었습니다.
희망의 꿈 키우던 추억의 학창시절
그때가 선명하게 떠 오릅니다.

가을비

비가 내렸다.
한밤 내 어둠을 타고서
하염없이 가을로 왔다.

외로움을 탓한 일 없고
은하와 반달도 버리고
줄기줄기 내려서 왔다.

불타던 열정 내려놓아
살갑게 젖은 대지에
알몸으로 올올이 녹아서
꽃마다 내어준 오르가즘

가는 여름을 갈무리하는
너는 가을 비.

추월인천강(秋月印千江)

늦가을 서리바람
텅빈 하늘에
기러기 소리가
정한홍엽(征雁紅葉) 알리면
홀연 그때임을 안다.

어둔 칠흑이기에
뚜렷한 달이다.

그 누가 있어
천강(千江)에 새긴 달
내 달이 아니요
님의 달이라 부르는가?

나도 너도 없으니
밝은 달이여
술잔을 높이 들고
활로(活路)를 찾으라
안목(眼目)을 갖춰라.

중선봉행(衆善奉行)

모양도 형체도 없는
선의 탈을 쓴 악마여,
근심과 괴로움
고통마저도 한 통속이렷다.
모두 인정하고
그 댓가 달가이 받으렷다.

한 가닥 나에게도
자존감은 있으니
쌓은 덕 없는 치졸이련만
선근(善根) 내어 봉행함을
나무라지 말라.

마지막 남은 내우주의 속곳
산천초목은
예부터 진심이었으니
선심(善心)을 따르려니와
붓 들어 의지를 꺾지 말라.
감정도 없고 이성마저도 없느니.

층간 느낌

한잔 술에 길을 간다.
최상의 느낌으로
포근함을 따르니
오는 노인 자비롭고
아주머님 평안하다.
재잘재잘 어린학생
꺼릴 것 없는 바보들.

한때는 내게도 저와 같이
틀림없이
피 돌던 시절 있었다.

지난세월 겹겹인생
층간 느낌으로 다가 온다.
참으로 그리운 얼굴들
오늘은 빛바랜 거울에
깊게 파인 주름살만이
층간 느낌으로
겹쳐서 온다.

오감

초롱초롱 눈망울 그윽한 심연
쪽빛 하늘 허공까지 담아
끝간 데 없음을 여실히 본다.

쫑긋쫑긋 세상의 모든 관음
애증세월 소리로 그려내어
이승과 저승을 넘나든다.

콩닥콩닥 뛰는 심장박동
두근두근 피 끓는 가슴
이루지 못한 天命 있었던가?

살랑살랑 하늬 바람타고
염화미소 백화의 물결
비린내와 향기는 금지된 사랑

새 콤 달콤 철 따라서 감응하니
살기 위함인가 먹기 위함인가
시위 떠난 인생이니 아니 먹으랴!

생각과 느낌

애초 생각과 느낌은 한 몸이었다.
어느 땐가 오롯이 갈리어서
생각은 느낌 이전의 홀씨였고
느낌은 생각의 왕성한 단비였다.

형상은 없으나 생각은 있었기에
하늘이 무너지더라도
남은 것은 부동한 성깔이므로
생각이 세상을 지배하는 이유로다.

평정된 세상은 느낌의 하녀로
꽃피고 지는 동안에도 방황한다.
방황했으므로
생각과 느낌은 다시 동거에 든다.

서로는 맛과 향 같아서
허기져 먹기보다는
맛으로 먹는 의식의 행각
같으면서 서로 다른 자유영역.

영동(永同)에 오면

그대는 청풍명월 영동에
와본 일 있는가?
까마득한 옛적 길동(吉同)이
어느새 영동(永同)으로 자랐어라.

추분 녘 단풍 들 때
감나무 가로수가 주황물결 이는 곳
와인 잔 치켜든
댕기머리 처녀의 밝은 미소
악성(樂聖) 난계 손짓으로 가야금 튕기니
온고이지신 가슴 활짝 열었네.

어얼시구 저절시구
만추지절 가기 전에
잔치로다 잔치로다
풍만했던 보라 연정
알몸 던져 산화하니
와인 향기 그윽하다.

백두대간 계곡 따라
두 물줄기 합쳐지니

석천이고 송천이네.
전라 경상 충청의 기운
삼도봉 높이 솟으니
지신 밟는 곳이 여기라네.

장구한 천년세월
삼국의 옛 영웅
유혈의 싸움터
곳곳마다 전설이 주렁주렁

고봉준령 처처가 명산이요
금빛 반짝 비단강에
맑은 바람 불어오니
시인 묵객이 따로 없네.
무릉도원 진경산수
인심 좋고 예의바른 삶의 터전.

깊어가는 이 가을에
지금 영동에 오면
국악과 과일이 조우하고
옛 가락 합환주로 섭동하니
가을 햇볕 따사롭고

지천으로 꽃 잔치 벌어지니
보고 느끼는 그대만이
진정한 주인이어라.

그대여! 지금 영동으로 오라.
당신이 바로 주인이니
산천초목 느껴보라.
만추홍엽, 이 가을이 가기 전에.
온몸으로 체험하라.

슬픈 연가

만나면 반드시 헤어지는
회한 같은 인생살이
어느 때 두 사람이 조우하며
달콤함을 구가하면서
많은 것 들을 일깨웠다.

덧없는 것이 세월이다.
바람의 속삭임이었을까?
사랑 하나가 퇴색되어
연민으로 물들자 더이상
기쁨은 존재하지 못했다.

물은 허공에 불꽃을 이루고
흙은 바람에게 영광을 돌렸지만
더는 끌림이 없기에
인연이 다한 사랑의 무영탑처럼
애잔한 서글픔으로 남았다.

5분 필몽(筆夢)

꿈을 꾸었다.
금강경을 옮겨 쓰다
잠깐 조는 사이에
눈을 붙였는데….

친구의 양동이를
양손에 들고 가다가
천길 높이에서 흐르는 강물로
미끄러져 떨어졌는데

얼마간 떨어지다 보니 바로 옆에
안전장치가 있어
떨어져도 고정된 물속이라
유속이 없고 풀장처럼 갇힌 물이어서
안전한 곳이었고
바다로 흐르는 깊은 강이었다.

주변사람들도 돌발 상황이었으므로
놀랐을 것이다.
물에 풍덩 떨어지고
몇 번의 긴 호흡동안
한없이 가라앉다가 바닥에 닿지는 않았지만

다시 수면위로 부상하였다가
(긴 시간으로 기억남)
가까스로 숨을 참고 수면 위로 오르니
물살은 빨라 겨우 강변에 오를 수 있었다.

떨어진 곳을 바라보니 아득한데
그때에 방송이 흘러나왔다.
사람이 강물에 빠져 위험하고
얼마인가, 유속에 떠밀려 가다가
다행히 뭍으로 나오는 장면이 포착되었다는
위로와 안도의 방송을 전파하고 있었는데
마침 나타난 친구에게 상황설명을 하는
꿈을 꾸다가 깨었다.

양동이는 손에 든 채로.

그 꿈이 너무 선명하고 뚜렷해서 재 빨리 종이에 옮겨 쓴 꿈 이야기다.
꿈을 깬뒤 글을 쓰기 까지 5분 동안에 씌워진 글임

제 4부

괴로움

애초 없었던 우주가 펼쳐
하늘을 열자
해와 달이 운행하고
삼라만상과 인류가 생겼네.
사랑과 원망도 따르자
삶과 죽음이 교차했네.

학문이 제아무리 높다 해도
결국은 긍정과 부정이고
사랑하는 사람 못 만나 괴롭고
미워하는 사람 만서서 괴로운 것
좋아하다 싫어하는
내 욕망이 괴로운 것.

피는 물보다 진해서
흐름 따라 살고 있다.

하늘에서 온 편지

하늬바람 부는
사바의 어느 날
하늘에서 온 편지.

머-언 옛날 하늘 가신
아! 어머니,
세월은 전광석화
멈출 수 없어
다 함께 가는 길
당신을 잊은 건가요?

망각 저편에
역마살 데불고
살아온
죄

동트는 산책길
괜스레 아쉬워
허공에 각인된 어머님
메인 가슴으로
하염없이 젖어 옵니다.

봄날

겨우내 움츠리고
동토 더불어 배회하다
기지개로 깨운 봄일러라.

수류동천 복사꽃이
하늘 부끄럼에 만개하니
안개비인 양 난 분분하고

온갖 꽃내음 쫓기 전에
무정 봄날은 속절없이
등보이며 저만큼 가네.

무지한 꿀벌만 모른다네.
영롱한 오색 향기 미각마저
오직 단물만 따라갈 뿐.

비밀한 뜻

나에게는 알 수 없는 비밀이 있다.
누구에게도 들킨 일 없는
미묘히 숨은 그 무엇이 있다.

설령 세상을 속이고
달콤한 감언이설로
위풍당당 드러내고도
짐짓 외돌진 태연이었노라.

따져보면 위선이었으나
스스로는 속일 수 없었기에
다함도 없었음이라.

내 믿는 것,
움직일 수 없는 한 가닥 기틀 뿐
사랑도 미움도 피할 수 없어서
상락(常樂)의 씨앗을 흉중에 간직했노라.
내가
비밀하게, 세상에 온 그 몸일러라.

희망 예찬

깜깜한 오밤중
길 잃은 나그네에게
벼락 치는 번갯불은 희망의 눈이다.

찰라의 빛이 길을 인도하므로
넘어지지 않으려 애쓰지 마라.
일어나면 그만이나니,
시련은 극복함에 있나니
포기하지 않는 것이 희망의 끈이다.

희망은 내 옆의 누군가이다.
그가 내민 손이 희망이고
"괜찮아" 그 한마디가 희망의 싹이다.
어느 때이건 지금이 희망의 자리이고
해와 달을 볼 수 있음이 삶이다.

희망은 동서도 고금도 없다.

돌아온 난계(蘭溪)

우뢰 소리 들렸다.
거문고와 가야금 둥기당기
거친 듯 쟁쟁한 해금의 선율
천지를 진동시키는 밤

님 가신 지 까마득한데
후학들 신명 돋우어
쾌지나 칭칭나네
되돌아오신 악성 난계여

아쟁과 피리소리 절묘하고
대금과 북소리 장단 맞춰
흥겨운 소리꾼과 하나 된 청중
고금을 넘나드는 송년의 밤.

봄을 맞으며

봄날이 좋아서
진종일 산길 따라 도니
온몸에 꽃향 그윽하다.

춘정 홀로 높아
나는 오간 데 없고
호랑 호접 너울춤에
뻐국 울음 화답하는 봄

봉우리 흰 구름이
남색하늘에 짝하고
버들피리 꺾어부니
혼자서만 즐길 뿐
전해 줄 수는 없더라.

고향의 겨울

삭풍은 나무를 뒤흔들고
명월은 빈 하늘을 스쳐간다.

오직 들려오는 소리 있어
살얼음 속 흐느끼는 여울물

내가 첫울음 울어댄 산하
또한 다시 묻힐 고향땅

산새들도 자취를 감추었고
나무꾼도 인적이 끊기었다.

머지않아 두견화 꽃망울 터져
뻐국새 피울음 울어댈 때

논둑의 순아 치마폭엔
쑥과 냉이 향이 그윽할 테지.

좌절을 넘어서

오호 통재라, 세월의 무상함이여
인생 고희가 장벽이라
대낮에는 꾸벅꾸벅 밤중에는 멀뚱멀뚱
웃을 때는 눈물 나도 슬플 때는 아니 나네.
지난일은 생생한데 오늘일은 까막까막
배는 고파 허기진데 차린 밥상 아니 먹네.
멀리서도 알던 사람 가까워도 희미하니
어찌하다 무정세월 총알보다 빨리 갈까.

백발이라 한탄 마소, 희로애락 다스려서
순응 따라 감사하고 영락복음 지어가세.
물은 차면 넘쳐나고 달도 차면 기우나니
경거망동 하지 말고 인간도리 깨쳐보세.
하루해는 석양 좋고 일년 중에 겨울 좋아
여유로운 노년인생 이리 좋고 저리 좋다.
쌓은 복덕 되돌려서 탈탈 털어 후손 주니
하늘 공덕 높고 높아 가는 길이 편안하소.

화쟁

본래의 순수한 자연을 보는 눈이 있다면
삶이 풍요로워질 수 있겠지요.

나와 남 구별 없이 조화로움을 찾고
책 읽고 성인을 따르며
인간의 도리를 깨치면서 살았으면….

나무는 클수록 넓은 그늘을 만들어
쉼터가 되지만
덕이 높은 사람의 그늘은 천리만리
영원하다고 들었는데

없다고 불평하지 말고 있다고 자랑 말며
가진 것에 만족하는 사람이 되었으면
좌절의 늪에서도 포기하지 말고
나태함 없이 용기와 희망을 가졌으면

쾌락과 탐욕에 물들지 말고
맑은 영혼의 빛을 따라가며
어려운 사람과 어깨를 마주하며
웃음으로 포용하는 그런 사람

미인보다는 마음씨 고운 여자가
사회에서 대우받는 그런 세상
어리석고 치졸하지마는
주어진 일에 올바른 열정으로
열심히 일을 하는 그런 사람

손발이 부러져도 일은 할 수 있지만
마음이 병들면
아무것도 할 수 없지 않은가요?
다투면서 대립하지만
일심으로 보듬어야 한다는
원효의 화쟁을 찬양하며 살았으면….

사모

귀걸이 걸친 고운 얼굴
살며시 무릎 세우며
눈을 내리깔고 괜한 곁눈질이
아! 고와라.

섬찟 가슴이 콩닥콩닥
얼굴 붉히며 창가로 눈길 돌리네.
그대 심장은 어떠한가,
보름달이 구름 사이로 훔쳐보네.

나는 짐짓 엉뚱한 언어로
횡설수설하건마는
듣는 둥 마는 둥 눈치도 없구나.

그래 못난 내 탓이로구나.
원망스럽기도 하지마는
차마 입 밖에 내지는 못하고
꿈을 꾸듯 손사래를 치네.
깊어가는 가을밤만 속절없구나

결혼을 축하하며

세상에는 둘이 함께 있어야
비로소 하나 되는 것이 있다.
사랑과 행복은 같은 말이다.

어떤 인연으로
천생연분 두 얼굴로
미리 점지한 백년의 약속
갈망하는 작은 행복
사랑으로 감싸 안아
고뇌와 근심걱정은
피해갈 줄 알아야 한다.

내 아들아, 희망을 가져라
서로가 "괜찮아!"
그 한마디가 희망의 싹인 것을
잘사는 길은 화목인 것을

내 아들아!
결혼을 진심으로 축하 한다.

가을 버섯

늦여름 알맞게 내린 비가
우리의 입맛을 북돋워 준다.

영양 많고 몸에 좋아
먹으면 벗어야 한다나.

단풍 전에 소나무 참나무 비롯하여
암 예방에 좋다는 능이버섯

감기천식에 좋은 향 풍기는 송이버섯
참나무에서 자라는 고급스런 표고버섯

백 가지 효능을 가진 노루궁뎅이
성인병에 좋은 자작나무 차가버섯

향도 좋고 치감 좋은 느타리버섯
겨울에도 잘 견딘다는
백색의 팽이버섯

장청소에 그만인 싸리버섯
활엽소 단단함에
윤나는 영지버섯

우산처럼 펼쳤다고 갓버섯
야생마 닮은 말굽버섯

항암에 좋고
면역력 높은 상황버섯

가을이라 두루두루
버섯 먹고 힘내 보소.

달의 화두

달을 가리키면 사람들은
달은 보지 않고 손끝을 본다는데

너는 무엇이고 나는 또 뭣고?
차디찬 얼음덩이 같은 달아

천강에 뜬 달 이태백이 놀던 달
원래 보름달이 기울고 차는데

바다와 여인에 주는 비밀한 뜻
너의 앞보다 뒷모습은 어떨까

찰흙 같을수록 또렷하니
깊어가는 가을밤 홀연하구나.

효도

이 땅위에 새 샘이 솟게 하자.
주장하는 시인,
옆집 아저씨 같이 순수하고
나이 든 평범한 분이었네.

생명을 존중하고
어른을 공경하라는 말씀
교육도 변해야 한다는
그분에게 한 표를 던진다.

쉬운 것 같지만
행동과 실천이 못 미쳐
밤하늘 뭇 별들에 물어본다.
나는 효도하며 살았는가?

진정한 울음 없이는
가슴끼리 통할 수 없는 세상.

애욕

내가 그린 상상과 애욕이
나를 즐겁게도 만들지만

허탈과 분노를 부르기도 하니
근심과 걱정이 생기고

두려움과 기쁨이 교차해
바람잘 날 없구나.

하늘 솟구치는 울부짖음
내가 만든 생명의 씨앗

호흡하며 숨 쉬는 그 사이가
진정 나란 말인가?

제 5부

단풍

가을 단풍 물들면
마음이 밝아진다.

꽃피고 새 울던
좋은 시절에는
저마다 온갖 아름다움
뽐내었지만

금풍(金風)에 삭으라드는
수주(樹凋) 엽락(葉落)

흰서리에 우수수 흩날려
네가 가는 길이 어드메뇨?

마음 밭

높은 산과 푸른 하늘
묵상의 눈 떠보면
내 마음 밭은 만고청산

연둣빛 즈음 철새 떠나고
분홍 자두꽃 흐드러질 때
호랑호접 춤사위로 바람났네.

꿈틀대는 선홍촉감의 희열
고사리 다래순 사초싹 씀부쟁이
포만감에 졸다가

잡초는 뽑아내고 꽃에 물 주니
하늬의 땀방울은 송글송글

태고적 해님은
뜸부기 노랫가락 따라서
허공 총총하게
돛 없이 흘러서 간다.

바람의 애무

춘풍이여 거칠게 불지 마라.
사랑하는 내 여인 가슴 시릴라.

온산 휘감는 칡넝쿨아,
제 몸 감싸 안아 휘어 조르면
할미꽃 부끄러워 고개 숙이네.

아승지로 살며 만난 내 인연
애무는 끝날 줄 모르게
붉은 해 구름 속에 숨어들고

향기 쫓는 벌 나비 너만 모르지
뜨거운 피돌기에
냉가슴이 녹아내리는 것을.

논개 생가에서

찬바람 불고서야
논개 생가 들러서
확연히 알았소.

당신은 아녀자 아닌
조선의 여자 였음을.

지아비 섬긴 애틋함도
누란의 위기에선
사랑이 승화된 투혼임을.

시대는 흘러도
선명히 각인되어 회자된다.

조국 아픔에 한 몸 던지니
무지랭이 민초들
하늘같이 슬퍼서
붉은 피를 뿌렸네.

다시 핀 꽃 스러져 갔다.

삼화삼염(三花三厭)

1.
삼염(三厭)은 삼화(三和, 三花)를 더럽히니
하늘 땅 물속을 가로질러 다니는
새와 짐승과 어류가 삼염이 된다.
창힐부자가 '싫을 염'을 지을 때
거울에 비추듯 바르게 지었으니
삐친음(厂)속 해 밑에 달을 두고
오른쪽은 개음을 두었는데
이는 천구(天狗)로써
해와 달을 삼켜버린다

2.
벼와 곡식은 곧게 자라
땅에 뿌리를 내리고 하늘을 향하니
삼화(三花)를 모으고
변환체인 삼염은 먹기 가여우니
삼귀(三歸)를 지키라 했다.
천지만물은 신(信)으로써 근본삼지 않으면
세계 인륜(人倫)은 어디에 있을까?

3.
이기적인 욕망으로 명성과 부를 구하지만
그때에 몸은 이미 늙어있다.
칼날에 묻은 꿀을 좇느라
위험 속을 치달아 왔구나.
불타는 장작더미 위에서
한잔 술로 위안하려 애쓰지 마라.
진흙에 더럽히지 않는 연꽃처럼
탐욕과 어리석음을 버리면
근심걱정 두려움도 없거늘.

4.
삼염을 버리고
칠보석보다 귀한 성인군자
인간의 꽃(진리眞理) 따르며
어머니 모태에서 나와 일백년
수천금도 모자라는 마음
가진 것에 만족하고 봉사하면
평화와 행복이 벗을 삼네.

5.
분노가 가장 독하고

늙어가는 내 몸이 가장 괴롭다.
어려운 환경에서 흔들리지 않으면
삼화는 피어나고
그런 열정으로 노력하면
슬픔도 불행도 끼어들지 못하고
백척간두 진일보 하며
운명을 지배하는 힘이 내부에 있는 사람 되어
칼날이 목에 드리워도
평정심으로 살 수 있는
자유인이 되어 세상 일이 사람 마음대로
안 된다는 말을 하지 말자.
어둠과 밝음은 원래 둘이 아닌 것처럼.

三和 : 근根 경境 식識 의 佛敎용어(三花)로도 표현
三歸 : 佛 法 憎에 귀의함(성인의 가르침)

나리꽃

더위 갈수록 돋보이는 여름 꽃
솜털 달고 서둘러 피는 털중나리
깜장 구슬 매달고 호랑 무늬로
화사하게 치장한 참나리

쪽빛 하늘 훔쳐보는 하늘나리
고개 떨군 땅 나리
바람결 옷깃 여미는 말나리

외딴 바다를 감아 도는 섬말나리
참으로 싹눈 없는 중나리야
가는 잎 분홍모자 도도한 솔나리

더위 속 외풍 탄 백합꽃아
같은 뿌리 다복하여
나리라고 부른다네.

뿔난 시인의 고백

늙고 병든 세월호
탐욕의 바다에 띄워졌다.
그 누가 잡는 이 있었던가?

조도면 거차도 맹골수도
잊지 못할 갑오년 4월 16일
대한민국이 발목 잡히던 날

그 누구도 없었다.
눈 뜬 목자도
귀 밝은 선지자도
생이별 속에서는 모두가 오리무중,
하늘 찢는 울부짖음만
솟구치는 전율로 남았다.

산 자의 가슴에
각인된 슬픔도
이제는

붉은 눈시울을 씻고
끊어진 뱃머리는
다시 이어서

못다 이룬 지평선의 꿈
그 너머로
가던 길
뱃길을 열어 주시게.

가엾은
어린 영혼들이여
편히
가시게나.

벼랑에 핀 장미꽃

이른 아침 산사를 지나
오솔길로 접어드니
소만의 아카시아 향이 그윽하다.
암흑 걷어내던 종소리
가득 울려 퍼졌던 숲속
산새들이 시장을 차렸다.

동산에 솟아 오른 태양
내 안의 나를 깨울 때
문득 나는 보았네.
전망대 바위 틈새로
외롭게 피어난
한 떨기 장미꽃.

안개 걷힌 선명한 누리
산 아래 초목이 그제야
초록 융단 펼쳤네.

귀천(歸天)

선종(禪宗)에는 화두(話頭)가 수없이 많은데
당나라 어느 학승(學僧)이
선사(禪師)께 도(道)를 물었다.

선사왈 정전백수자(庭前柏樹子)라 했다.
들어가는 것도 집안이 없고
나와 보니 밖도 없구나
세계마다 티끌마다 선불장인데
뜰 앞 잣나무 다시 분명하구나.

누가 나에게 다시 묻는다면 이렇게 읊으리.
시간공간동일간(時間空間同一間)
자타유별소인배(自他有別小人輩)
천리인사지총섭(天理人事知總攝)
정도입문귀자연(正道入聞歸自然)
시간과 공간은 결국 같은 사이고
너와 나 사이 가름은 어리석은 것
하늘의 이치는 사람을 모두 아우름이니
바른 길로 들어가 자연으로 돌아가자.

호수의 밤

초가을 하현달이 산마루에 걸려
밤 단풍과 짝이 되어
애처롭다.
하늘 뜰 아래 구름마저 추위에 떨고
수면에 물오리는
외로움을 탓을까?
가로등 불빛을 쫓아
물가로 모여든다.

오랜 친구가 말없이 떠난 것처럼
호수의 밤은 텅빈 대나무로
울어야 했다.
외로울 때 먹는 약은 없는 걸까?
아무 생각 없는
호수의
밤.

카톡 세계

서너 명의 여자들과 카톡을 해보면
세상의 절반은 알 것도 같다.

당신은 잘 알고 난 모르는데
실없이 휴대폰 열어보지만

아름다운 영상과 좋은 글들
푹 빠져 본다네.

하루를 살더라도 깨침이 있으면
저녁에 죽어도 좋다는
그 님의 말씀

가슴에 새길 필요도 없이
나는 거리에 청소부가 되어

묵묵히 혼탁함을 쓸어버리는
그런 휴대폰으로 살고 싶다.

철학

인생의 이상향을 높고 넓게
밝히는 횃불 같은 시도

오랜 방황과 실패를 거듭해도
인생관이 바뀔 것 같은가?

철학은 무엇이고
진리는 어디에 있는가?
육신과 영혼은 함께 하는가?

존재하는 모든 것들
신비하지 않은 것이 또 있을까?

어떠한 삶도 대신할 사람 없고
우주의 뜻 알았다 해도

술 한 잔에 평화와 자유가 있음을
진즉 알고 있다네.

자유인

꿈을 꾸었다.
소복이 눈이 내리는 밤

꿈에는 의지함이 없다.
필름처럼

슬픔도 즐거움도 없었다.
절벽과 평지가 같았다.

차라리 죽을지언정
마음은 평온하게

얻은 것은 무엇이고
잃은 것은 또 무언가?

해 뜨고 달 지는
그런 세상이 아닌가?

물거품

광활한 무위의 천지 간
천차만별의 사람들

여여(如如)히 물불이 갈려도
땅과 바다 사이 원융의 공간

구름은 바람 따라 흘러
눈비 오는 강토를 짓고

아침 이슬 풀잎에 맺혀도
물은 흘러 무형으로 변화한다.

긴 것 같은 삶도 이와 같이
찰나를 살다가 떠날 뿐이네.

부슬비

산비탈 곱게 핀 진달래
부슬부슬 봄비가 부른다.

간밤 두견이의 절규인가
피 빛으로 섬뜩하다.

벼랑 위
우뚝 솟은 소나무
안타까이 빗질 할 때

문득 무명 쫓는 범종소리
진달래가
안개 속으로 눕는다.

그날

그날 당신이 우아하고 품위 있게
나에게로 왔듯이
당신이 더욱 아름다운 것은
어느 날 내게서
떠나기 때문입니다.

당신이 인연인지는 몰라도
함께한 날보다
모르고 지낸 날들이 많은 것은
꿈이 현실보다 많지 않았기 때문이요,
거울에 비추인 날보다
거울 없는 세상이
길었기 때문이지요.

비로소 거울이 세상을 담지만
깨어질 날도 있기에
그것이 미치도록 슬픈 사연입니다.

제 6부

산(山)

얼마나 장구한 시공을
버티어 왔는가.
하릴없는 일월성신도
술래 잡은 무량세월

높은 것은 내려 앉고
낮은 곳은 채워지니
못 속에 흰 구름 노닐고
산새 불러 초록잔치로다.

주정뱅이 보름달이
빈 하늘을 꿰어 차니
청산은 진즉 말이 없고
유수는 에둘러 꽃 마중 간다.

덕유산 종주

– 덕유산 향적봉 ~ 남덕유산

덕 높은 한반도의 속고갱이 덕유산
영 높고 골 깊어 깊은 숨결 서린 정기
향적봉 보름달 마주보고
출렁이는 갈대밭 따라서
천상의 화원을 휘저으며 간다.

산나리 빨간 꽃싸리 동업의 원추리꽃
가파른 능선 삿갓봉의 감로수
로버트프로스트의 '내가 가지 않았던 길'
내 운명의 갈림길 남덕유의 붉은 햇살
산울림 없는 야호소리
실실이 흩어지는 구름조각들

죽려장 빗겨 짚고 한가해야 품새 나는 산
허망의 껍질 벗고 실오라기로 버틴 세월
멀리 아스라한 지리산 능선
육십령 넘으니 경상과 전라도라,
꿈길 따라 걸어온 덕유산의 향연.

자연보호 금오산

운무에 휩싸인
경관이 수려한 금오산
신비로운 산정기 드리워
자연보호 운동이 시작된 웅산.

영금폭포의 흰 포말 숨 가쁜 산비탈
죽장에 삿갓 쓰고 도선굴 찾아드니
어허, 무릉도원이 여기로세.

만추홍엽 절묘한 암반과 봉우리
해운사 하늘 위로 붉은 새털구름
우뚝 솟은 산그늘 여일이로세.

영겁의 세월 요동침 없이
충신 인걸 품에 안아
금오신화 탄생하고
장고한 시공 고고한 자태로다.

가야산에서

해동 조선 어느 곳이나
꽃피고 새 울지 않는 곳 있으랴!

법보사찰 팔만대장경이어야만 할까?
서있는 자리마다 진리의 땅이로다.

천년세월 지켜온 수목
신라를 체념한 최치원의 도량

도솔천 가는 길목
퇴옹도 머물다간 백련암

모두 손잡고 가슴 하나 된
호호탕탕 성스러운 불국토(佛國土)

여기 온 모든 사람
눈빛 마주쳐 이심전심, 아, 가야산.

한반도 명산 설악

이름만 들어도 가슴 떨리는
산중의 산 설악산
칠천의 봉우리 불가사리 같은 산

무수한 계곡 폭포와 담소
오묘한 암봉과 길다란 능선
편서풍으로 일어서질 못해
대청봉 이마 위에 누운 오엽송

수렴동 파아란 하늘 빛나는 단풍
빛과 소리 경관에 도취되어
환청과 환각에 시달리는 산

치맛자락 아래 실오라기로
공룡능선과 대청의 사타구니
구름조각 사이로 숨어버린 달님

눈 덮혀 빼어난 설경은
영혼마저 앗아가서 탕아로 떠돈다.

적상산(赤裳山) 연가

쪽빛 붉은 치마
여염댁 규수 같은 산
최영장군도 한눈에 반한 곳

향로봉 초입 돌계단
손잡은 무언으로도
오감 통한 오솔길
여인네 아랫도리 닮은
가을 햇살 속 고목들
의연하고 당당하다.

그러한 당신은
솔바람 바위 끝에 세워
앙큼손으로 자유를 찬양했다.

터럭 술책을 부린 게지.
나의 온몸을 떨게 한
달콤한 너의 젖은 입술
청정 가슴 시린 석간수에
깊은 향연의 몸짓 흘랑 젖었다.

토함산 연정

가을이라서 우뚝 솟은 토함산
태초 신비를 잉태한 석굴
모두가 알고도 모르는 곳
언제부터인지 흑룡이
천년의 여의주를 품고 숨었네.

온갖 나무들 자취를 드러내어
만고에 청산을 그려 내었다.
꽃보다 고운 여자가 오솔길에서
돌 하나 움켜쥐고서는
심하게 열병을 앓았다.

그간의 냉가슴을
속궁합으로 토해 내었다.
오! 피빛 가을은 깊어만 가는데
무한한 자유를 만끽하고 있다.

한순간을 영원으로 연결하는
다리를 놓고 있어도
토함산은 오늘도 말이 없다.

법주사 속리산

세속을 떠나버린 속리산
산그늘 지우고 우뚝 선 미륵불상

한강 낙동강 금강을 끼고돌아
연봉이 아흔이라 명한 구봉산

정감록 십승지로 손꼽히고
동국여지승람 조선팔경 이루어
충청과 경상도를 아울렀네.

임경업장군 국운 키운 입석대
문장대 따라 관음과 묘봉
꿈틀대는 검푸른 용의능선
여의주 품은 우람한 법주사.

옥계폭포

월이산 저수지 초입에
양 갈래 벌린 협곡
신비스런 물줄기
시원한 흰 포말

수면 위 거꾸로 박힌
푸른 솔이 산새 불러 연주하니
난계의 가야금 소리로다.

해는 저물어 가는데
떨어진 꽃잎은 스산하고
풍뇌소리 은은하여
그림자 발길 돌리니

기암절벽 창공에 솟아
넋놓고 길가에 앉아
멀리 신선이 월색에 취했도다.

백화산 반야사

모든 산들 등 돌리고
포효하는 백화산
산허리 돌아 연꽃 속
석천에 가부좌 튼 반야사

황희정승 숨결어린 옥동서원
속리에서 뻗어온 월유봉
달님도
봉우리마다 머물다가고

반공(半空)에 은빛 안개
허허롭게 서리고
절벽 위 문수정 건너
저승골 골은 깊어

해마다 찾아오는 봄빛
물가엔 꽃이 피고
꽃샘추위 석양이
어둠 찾아 숨어든다.

승보사찰 조계산

동서로 갈린 송광사와 선암사
16국사 배출한 승보사찰
천년의 향, 쌍향수에 머물고
석조 반달의 원형 승선교

불일암 주련은 법정 길러내고
덕성으로 조계산 품은
장군봉의 안개구름
해와 달도 머물다 가는 곳

안개바다 푸르게 드리워서
휘날리는 갈대대궁이 오금 저려
네가 가려는 이 길은
너의 님이 오는 길이로다.

황악산 직지사

반도의 노른자위 황악산
아도화상
손가락 가리킨 직지사

추풍령 마루터기 가을바람
홀로 휘파람 부르니
영마루 구절초가 화답하네.

황학의 물은 황간을 감아돌아
청산으로 흘러가고
해가 저문 날

또 어디로 갈 거나.
속리산 삼청동
물소리 들으러 간다.

록키산맥

만년빙설 록키는 원시의 비경
지구 최대의 보물 빙하지대
첩첩산중 눈부시어 시린 눈
전나무 자작나무 산양이 뛰어놀고

진귀한 보석 에메랄드 레이크루이스
호수 속 비추이는 설산과 하늘장관
쟈스퍼의 콜롬비아 아이스필드 설상차
빙하 속 샘물 짜릿한 쾌감

설파산 곤돌라 인디언 죽음의 계곡
시리도록 맑은 하늘에 구름 덮힌 세 자매봉
꽃 중의 꽃 부차드 가든
뱃길아름다운 벤쿠버와 빅토리아

아! 록키
그대는 아름답고 신선하다,
우리의 고향을 넘어선 신의 세계.

천태산 영국사

금강의 삼태극 품어안은 천태산
천년고찰
영국사의 은행나무

통천 지나 비단폭 펼친 삼단폭포
푸른 솔 맑은 바람 우뚝선 망탑봉

서대산 줄기 뻗어
아름다움 두루 갖춰
암벽 줄타기
심장 뛰는 고동소리

산그늘 수묵 빛이 내려앉아
육조전 고갯길
유난스레 서늘하다.

민주지산 삼도봉

백두대간 삼도봉 나란한 민주지산
마애불상 석기봉 힐링의 각호산

삼도 영역 거느리고 비단이불
하이얀 아침구름 펼치는 산

낙엽송 잣나무숲 기우제 옥소폭포
출렁이는 죽대바람 눈 밟는 뽀얀 소리

봄빛 바야흐로 어디에서 비롯하나
우거진 원시림 한천의 물한계곡

전도된 인간세상 꿈결같이
세월은 깊었나니, 삼도봉 만나는 날.

지리산에서

지리산은 그냥 산이 아니다.
깊고 아늑하여 풍만한 여왕산

3대 조상 덕 쌓아야 천황봉
피보다 진한 붉은 해 볼 수 있나니.

반야봉 낙조 후 벽소령 달빛장관
피아골 단풍드니 연하천 선경일세.

능선마다 분수령 샘물솟고
청학동 품에 드니 광할한 별천지

세석 철쭉 필 때 노고단 구름바다
불일폭포 물길 따라 섬진강 흐르고

숨차고 땀 흘려도 산정기 스며들어
하늘구름 따라서 돌고 도니

신선세계 그 어디 따로 있을까,
산천초목 만고강산 무량하도다.

한라산을 오르며

제주에선 한라산만 산이 되고
다른 산은 오름이 된다.

망망대해 접시모양
허깨비 같은 배와 고동소리

쪽빛바다 황홀한 색채 영주산
곳곳마다 역사의 아픈 흔적들

성판악 따라 진달래대피소
고사목 조리대 왕관능길

백녹담 푸른 물 쫓겨온 실구름
안개 속 조잘거리는 영혼의 소리

한여름 알몸 못 견디는 영실의 고샅
둘러 처진 병풍암봉의 지하수

탐라비경 떨어진 꽃잎 어지러워
청춘 연인들 백두 있음을 비웃도다.

만인의 연인 월출산

영암 넓은 벌판 사방 우뚝한 산
기암괴석 신비스런 월출산

애오라지 밝은 달 연인의 표상
호남평야 성게처럼 골골이 파고드네.

월출산 높다더니 미운 것이 안개로다.
햇살 퍼지면 안개 아니 걷히랴!

우람한 남근바위 하늘보고
평평한 바위 아홉 구덩이 구정봉

하반신만 남은 빗돌 월경처
한량들이 노닐다 부른 이름

신라스님 바위새긴 四海無家病比丘
짜릿한 스릴, 흔들다리 칼데라

달맞이처녀 송계골 둥근 바위 月台
숙명의 옛이름 月奈岳 月生山

미왕재 억새풀밭 바람 따라 도갑사
자연과 꿈이 함께하는 산

금강산 따로더냐, 통천문 감아 도니
천황봉 소금강이 여기로세.

선(禪)의 경지를 지향하는 맑은 시심
— 이동호 2시집 『길을 묻다』를 감상하며

문학평론가 리 헌 석
(사) 문학사랑협의회 이사장

1.

우연한 기회에 이동호 시인의 첫 시집 『노래하는 꽃』을 감상하고, 순수한 영혼이 별처럼 빛나는 정서를 공유하였습니다. 비매품 한정판으로 발간된 시집을 읽게 된 것은 여러 겁(劫)의 인연이 있었기에 가능하였을 터입니다. 이런 관점에서 작품을 재독(再讀)하니, 작품마다 지니고 있는 '독자적 생명력'을 찾아낼 수 있어, 그 작품들이 더욱 귀해 보였습니다.

세속 문단의 잣대로 보면 부족한 부분도 드러날 터이고, 예술성이라는 관점에서 보면 설익어 풋풋한 느낌일 수도 있습니다. 그러나 평생을 공무원으로서 국리민복(國利民福)을 실천하던 분이 정년퇴임 후 인생 2모작의 과업으로 시와 수필 창작을 선택한 것은 다행스러운 일입니다. 오랜 경험에서 얻은 지혜, 새롭게 선택한 선시(禪詩) 공부, 그리하여 삶을 바라보는 자세의 오롯함이 그의 작품에 녹아 있었기 때문입니다.

그는 첫 시집을 발간하고, 그 저서를 여러 사람과 나누어 읽으면서 시 창작에 열중하였습니다. 4년여 기간 수련하여 2시집 『길을 묻다』를 편집하기에 이르고, 특별한 인연에 따라 독자들보다 먼저 감상할 기회를 가졌습니다. 전 작품을 통독한 후, 10여 편의 작품에 시선이 머물렀습니다. 그 중에서 주제와 소재, 구성과 표현이 합일되어 보이는 작품을 먼저 감상합니다.

산비탈 곱게 핀 진달래
부슬부슬 봄비가 깨운다.

간밤 두견이의 절규인가
초혈(初血)처럼 선홍(鮮紅)하다.

벼랑 위
우뚝 솟은 소나무
안타까이 빗질 할 때

문득 무명(無明) 쫓는 범종소리
진달래가

안개 속으로 눕는다.

―「봄비가 깨우다」 전문

이 작품은 기승전결(起承轉結)의 구성으로 작품의 완성도를 높이고 있습니다. 기(起, 1연)의 원관념은 '산기슭에 곱게 피어 있는 진달래를 부슬부슬 내리는 봄비가 깨운다.'일 터입니다. 말하자면 '봄비가 진달래를 깨운다.'는 단순한 의인화에서 출발한 작품입니다.

그러나 봄비를 맞은 진달래의 모습을 그려낸 〈간밤 두견이의 절규인가/ 초혈(初血)처럼 선홍(鮮紅)하다.〉고 노래한 승(承, 2연)의 표현은 이동호 시인만이 찾아낼 수 있는 개성적 감각에 의한 독자성을 확보하고 있습니다. 봄비를 맞은 진달래 꽃빛이 '선홍'하다는 데에는 누구나 쉽게 동의할 터입니다. '매우 산뜻하고 밝은 느낌을 주는 붉은 빛깔'이 진달래의 고유한 색깔이기 때문입니다. 그러나 밤새 절규하던 두견새가 토한 핏빛, 그리고 소녀들이 초경에 흘린 '초혈'과 같은 색채 감각은 새롭습니다.

기승전결의 구성에서 독특한 형상화는 전(轉, 3연)에서 찾아볼 수 있습니다. 진달래와 봄비의 관계망에서 갑자기 시선이 소나무로 이동합니다. 〈벼랑 위/ 우뚝 솟은 소나무/ 안타까이 빗질 할 때〉에서, 두 사물의 대비와 함께 '빗질'이라는 시어가 눈길을 끕니다. '빗으로 머리를 빗는 빗질'인지, 아니면 '비로 먼지나 쓰레기 따위를 쓰는 비질'인지 궁금하게 마련입니다. 시인에게 질문하려다가 텍스트 그대로 수용하기로 합니다. 선시나 한시에서는 항용 나무의 그림자가 비질로 쓸어낸다는 형상화가 산견(散見)되지만, 이 작품에서처럼 바람에 솔잎이 흔들리는 상태를 '빗질'로 보는 것은 새로운 시각이기 때문입니다.

이 작품의 결(結, 4연)은 깨달음의 완성 단계입니다. 〈문득 무명(無明) 쫓는 범종소리〉에서 우리는 아름다운 깨달음의 과정에 동참하게 됩니다. 산사에서 울리는 범종소리가 '진리를 깨닫지 못한 무지의 상태'인 '무명(無明)'을 쫓아내기 때문입니다. 그리하면 〈진달래가 / 안개 속으로 눕는〉 것과 같이 서정의 주체 역시 안분(安分)과 수용(受容)의 경지에 이르기 때문입니다.

이렇듯이 이동호 시인은 봄비 내린 산기슭의 진달래를 보면서, 다양한 제재를 찾아내어 형상화하고 있습니다. 작품의 미적 구조가 탄탄한 것 역시, 그가 빚은 작품의 특질로 기능하고 있습니다.

2.

이동호 시인은 1978년에 충청북도 영동군청의 공무원으로 공직생활을 시작합니다. 감사원에서 직무과정을 수료한 후, 감사팀에 보직을 받아 근무하기 시작하여, 1999년 퇴임할 때는 감사팀장으로 봉사합니다. 퇴임 이후 영동대학교에서 일본어 연수 과정을 이수하며 교양을 갖춥니다. 이때 뜻한 바 있어 문학 창작의 길에 나섭니다. 그리하여 2001년에 《농민신문》에서 공모한 '수기(수필)' 부문에 응모하여 수필가로 등단합니다.

수필 창작에 열중하면서 '선시(禪詩)' 공부를 시작합니다. 특히 불교의 선승(禪僧)들이 궁구(窮究)해 낸 깨달음을 게송(偈頌) 외듯이 공부하는 과정에, 시 창작의 의욕이 환기되고, 여러 해 창작한 작품을 모아 2015년에 첫 시집 『노래하는 꽃』을 발간하여 이웃과 정서를 공유하기에 이릅니다.

이런 까닭에 그의 작품은 단순한 사물을 노래한 시, 사람과 사람의 관계에서 비롯된 정서를 구체화한 시, 자연과 문화재를 만나 터득한 지혜와 심성을 노래한 시 등 다양성을 내포하고 있습니다.

그렇지만, 불교적 깨달음과 선시의 품격을 갖추려는 작품에서 독자들은 미묘한 감동을 공유하게 됩니다. 때로는 선문답과 같이 어려운 작품의 본질에 접근하기 위해 골몰(汨沒)하기도 합니다. 그런 작품을 몇 편 감상하기로 합니다.

내 길을 갈 거다.
이순(耳順)의 천명(天命)대로
운명도 팔자도 내려놓고 갈 거다.

한때는 부귀영화를 엿본 적 있지만

이제야 내 길 아님을 알았으니
오직 부끄럽지 않게 돌아가리라.

내 한 몸 추스르지도 못하는데
거친 황야에서 무엇을 욕심내랴!
욕심내어 무엇 하겠는가?
작위보다는 곡선을 따라,
바람 부는 대로 가리라.

가는 길에 자문자답(自問自答)하며
생사에 매달리지 않는다면
북두성이 예서 멀지 않으리라.

—「길을 묻다[問道]」 전문

부연(敷衍) 설명이 필요하지 않을 만큼 명징(明澄)한 작품입니다. 이순(耳順, 60세)에 이르러 자연스럽게 살겠다는 의지를 담은 글입니다. 젊어 한때는 세속의 부귀영화를 누리기 위해 애를 쓰지만, 공직에서 퇴임한 60대에 이르러, 부끄럽지 않게 살겠다는 지향을 보이는 작품입니다.

다만 〈작위보다는 곡선을 따라,/ 바람 부는 대로 가리라.〉에서 작위(作爲)와 곡선(曲線)은 직접적으로 비교대조할 수 있는 항(項)이 아닙니다. 따라서 두 시어 각각의 대립항을 찾아 견주어 보면 '작위'는 '인위적으로 만든 현대화(직선화)'를 뜻하는 것 같습니다. 그리하여 '바람 부는 대로'와 대립각을 세운 구도가 형성됩니다.

이 작품의 마지막 연에서 밝히고 있는 삶의 자세가 시인의 지향으로 해석됩니다. 살아가는 동안에 그는 삶의 과정에서 여러 의문에 직면하였을 터이고, 스스로 그 답을 찾은 것입니다. 특히 '생사'와 같이 소중한 일에서 자유로울 수 있다면, 그는 '북두성(北斗星)'에 의지하여 자신이 가야할 방향을 바르게 설정할 수 있습니다. 북두성은 북두칠성(北斗七星)을 이르는 말이며, 북극성과 함께 야간에도 정확한 방향을 찾게 하는 바로미터로 기능합니다.

이 작품은 불교적 깨달음이 자연스럽게 녹아 있는 작품이지만, 다음 작품은 직접적이며 강렬한 이미지까지 발산하고 있습니다.

선종(禪宗)에는 화두(話頭)가 수없이 많은데
당나라 어느 학승(學僧)이
선사(禪師)께 도(道)를 물었다.

선사왈 정전백수자(庭前柏樹子)라 했다.
들어가는 것도 집안이 없고
나와 보니 밖도 없구나.
세계마다 티끌마다 선불장인데
뜰 앞 잣나무 다시 분명하구나.

누가 나에게 다시 묻는다면 이렇게 읊으리.
시간공간동일간(時間空間同一間)
자타유별소인배(自他有別小人輩)

천리인사지총섭(天理人事知總攝)
정도입문귀자연(正道入聞歸自然)
시간과 공간은 결국 같은 사이고
너와 나 사이 가름은 어리석은 것
하늘의 이치는 사람을 모두 아우름이니
바른 길로 들어가 자연으로 돌아가자.

—「귀천(歸天」 전문

학승의 물음에 선사(禪師)가 오언절구(五言絶句)로 대답한 한시(漢詩)인데, 인용한 부분은 결구(結句)에 해당합니다. 집안에 들어가거나 나오거나 아무 것도 없고, 세상 모든 것이 부질없는데, 다만 〈뜰 앞 잣나무〉는 변함없이 푸르게 서 있다는 선답(禪答)입니다. 이동호 시인은 선시 공부를 여러 해 수련한 사람이어서, 이에 대응하여 칠언절구(七言絶句)로 답(答)합니다.

어찌 보면 이러한 형식의 글을 시(詩)라고 할 수 있는가? 의문을 품을 수도 있지만, 우리 현대 자유시에서는 수용할 수 있는 양식이며, 좋은 시로서 충분한 자격을 갖추고 있습니다. 독자들에게 어렵다고 하여, 시가 아닐 수 없으며, 독자들이 쉽게 이해할 수 있다고 하여, 모두 좋은 작품인 것은 아니기 때문입니다.

특히 일반 한시(漢詩)를 이해하는 것도 힘들지만, 선시를 이해하는 것은 전문적 지식이 필요합니다. 특정 경지에까지 이르고자 하는 독자들은 좀 더 공부할 것이고, 그렇지 않은 독자들은 자기 수준에 맞는 작품을 감상하며 유유자적(悠悠自適)하는 것이 행복일 터입니다.

이러한 양상의 작품 창작을 거쳐, 때로는 어렵지 않으면서도 깊이 있는 철학에 근접하는 작품을 빚습니다.

광활한 무위의 천지 간
천차만별의 사람들

여여(如如)히 물과 불이 갈려도
땅과 바다 사이 원융의 공간

구름은 바람 따라 흘러
눈비 오는 강토를 짓고

아침 이슬 풀잎에 맺혀도
물은 흘러 무형으로 변화한다.

긴 것 같은 삶도 이와 같이
찰나를 살다가 떠날 뿐이네.

―「물거품」 전문

이 작품은 5연으로 구성되어 있지만, 세 단락으로 나누어 감상할 수 있습니다. 1연은 도입 부분인데, 〈광활한 무위의 천지 간/ 천차만별의 사람들〉은 끝 간 데 없는 자연과 헤아릴 수 없는 사람들로 인한 세상의 다양성을 전제하고 있습니다.

2~4연은 세 가지 소재에 따라 연을 구분합니다. 2연에서는 물과 불이 갈리고, 땅과 바다가 구분되어 있지만, 어디엔가에 원융(圓融)의 공간도 있을 것이라는 깨달음이 담겨 있습니다. 3연의 〈구름은 바람 따라 흘러/ 눈비 오는 강토를 짓고〉는 자연의 이치를 그대로 옮긴 것으로 설명이 필요 없습니다.

4연은 구형(球形)의 이슬과 천변만화하는 물의 속성을 확인합니다. 그리하여 5연에서 시인은 인생무상(人生無常)을 작품으로 승화시킵니다. 이 또한 부연 설명이 필요 없이 직설적입니다.

이렇듯이 이동호 시인의 불교적 색채를 띤 작품들은 이해하기 쉬운 부분과 약간 난해한 부분이 조화를 이루어 작품의 수준을 높입니다. 특히 선적(禪的) 작품에서 미묘한 감동을 생성하기 때문에 독자들의 정독이 필요합니다.

3.

이동호 시인의 2시집 『길을 묻다』에 수록된 작품을 감상하며, 부분적으로 '깨달음'과 '선적 경지'를 살펴보았습니다. 그러나 이는 전체 작품의 극히 일부이며, 이 외에도 여러 경향을 띤 다양한 작품들이 정서 공유를 위해 독자들을 기다립니다. 시의 '주제' '제재' '양식'이 문학적으로 성공할 수 있는 중요한 요소임은 분명하지만, 표현의 멋과 맛을 통하여 시의 성공을 가늠하기도 합니다.

이동호 시인의 작품 중 서정적인 멋을 찾아, 그의 문학적 성취를 확인하기로 합니다. 작품 「구름처럼」에서 시인은 〈어느 가을 푸른 하늘가/ 덧없이 떠가는 구름이고 싶다.〉 〈목 태우던 초목과 조우하면서/ 하늘 이야기 꺼이꺼이 토하고 싶다.〉 〈서산마루 해 걸리면/ 자궁 나온 황혼구름 핏빛으로 물들고/ 슬픈 이야기는 어흑어흑/ 가슴에 묻어둔 채/ 언뜻 사라진 별들의 소식을 들으며/ 도란도란 밤새우고 싶다.〉는 시심이 오롯하게 발현되어 나타납니다. 이런 서정이 전편에 녹아 있는 작품을 감상하기로 합니다.

비가 내렸다.
한밤 내 어둠을 타고
하염없이 가을로 왔다.

외로움을 탓한 일 없고
은하와 반달까지 버리고
줄기줄기 내려서 왔다.

불타던 열정 내려놓아
살갑게 젖은 대지에
알몸으로 올올이 녹아
꽃마다 내어준 오르가즘

가는 여름을 갈무리하는
가을비
울음 너머 사랑을 본다.

—「가을비」 전문

4연으로 된 이 작품에서 1연과 2연은 덧 설명이 필요 없을 만큼 명징합니다. 그러나 3연에 이르러 〈불타던 열정 내려 놓아/ 살갑게 젖은 대지에/ 알몸으로 올올이 녹아/ 꽃마다 내어준 오르가즘〉이라고 노래한 것은 참으로 놀라운 발상입니다. '꽃마다 내어준 오르가즘'에 이르러 이동호 시인의 발상은 정말 새롭습니다.

이러한 바탕에, 4연처럼 매듭지은 것은 예술가들의 전문가다운 '마무리'이며, 이는 천의무봉(天衣無縫)의 경지에 버금간다고 해도 과찬이 아닙니다. 떠나는 여름을 갈무리하는 '가을비'에서 '울음 너머 사랑을 본다.'는 그의 노래는 재독한 후, 다시 정독해도 새로운 감동이 우러나는 아름다운 시행(詩行)입니다.

그와 같은 감동은 작품 「통학열차」에서도 발현되고 있습니다. 지난날은 기억 속에 남아 있고, 기억 중에서 추억은 작품으로 거듭나게 마련입니다. 추억을 되살려 여실(如實)하게 묘사하는 일은 개인적 장점으로 기능합니다. 〈경부선 하행 열차 내려 갈 때도/ 산허리 휘어 감고 뱀처럼 달리어/ 두물머리 깊은 내 석양빛 물들면/ 그리움이 봇물처럼 밀려와/ 사뭇 가슴 부풀던 사춘기가/ 내게도 있었습니다.〉라고 노래합니다. 동질적인 추억을 간직한 독자들과는 헤아릴 수 없는 감동을 공유하게 됩니다. 이런 감동의 공유와 함께 철학적 사유가 깃든 작품을 감상합니다.

깜깜한 오밤중
길 잃은 나그네에게
벼락 치는 번갯불은 희망의 눈이다.

찰라의 빛이 길을 인도하므로
넘어지지 않으려 애쓰지 마라.
일어나면 그만이나니,
시련은 극복함에 있나니
포기하지 않는 것이 희망의 끈이다.

희망은 내 옆의 누군가이다.
그가 내민 손이 희망이고
"괜찮아"
이 한마디가 희망의 싹이다.
어느 때이건 지금이 희망의 자리이고
해와 달을 볼 수 있음이 행복이다.

희망은 동서도 고금도 없다.

— 「희망 예찬」 전문

이 작품에서 시인이 적시한바 〈길 잃은 나그네에게/ 벼락 치는 번갯불은 희망의 눈이다.〉 〈시련은 극복함에 있나니/ 포기하지 않는 것이 희망의 끈이다.〉 〈그가 내민 손이 희망이고/ "괜찮아"/ 이 한마디가 희망의 싹이다.〉 〈어느 때이건 지금이 희망의 자리이고/ 해와 달을 볼 수 있음이 행복이다.〉라는 시행(詩行)은 잠언(箴言)의 깊이를 지닙니다. 특히 '희망'은 동양과 서양이 다르지 않으며, 예나 오늘에 다르지 않다면서 〈희망은 동서도 고금도 없다.〉고 매듭지은 시행은 그가 견지하고 있는 철학적 소산으로 보입니다.

희망을 노래하며 행복하게 시 창작을 하고 있는 이동호 시인, 그는 앞으로도 다양한 작품을 통하여 새로운 감동을 생성할 것이며, 상처 받은 독자들과 희망의 정서를 공유하리라 기대합니다. 이런 믿음으로 그의 2시집 『길을 묻다』에 수록된 작품 감상의 여로를 마칩니다.

길을 묻다

길을 묻다

이동호 시집

발 행 일 | 2019년 5월 15일
지 은 이 | 이동호
발 행 인 | 李憲錫
발 행 처 | 오늘의문학사
출판등록 | 제55호(1993년 6월 23일)
주　　소 | 대전광역시 동구 대전로867번길 52(한밭오피스텔 401호)
전화번호 | (042)624-2980
팩시밀리 | (042)628-2983
전자우편 | hs2980@hanmail.net
카　　페 | cafe.daum.net/gljang(문학사랑 글짱들)
cafe.daum.net/art-i-ma(아트매거진)

공 급 처 | 한국출판협동조합
주문전화 | (070)7119-1752
팩시밀리 | (031)944-8234~6

ISBN 978-89-5669-204-3
값 9,000원

* 이 책은 교보문고에서 eBook(전자책)으로 제작 · 판매합니다.
* 잘못 제작된 책은 바꾸어 드립니다.

* 이 도서의 국립중앙도서관 출판예정도서목록(CIP)은
서지정보유통지원시스템 홈페이지(http://seoji.nl.go.kr)와
국가자료종합목록시스템(http://www.nl.go.kr/kolisnet) 에서 이용하실 수
있습니다. (CIP제어번호 : 2019018406)